STÉNOGRAPHIE

DES COURS

DES DIVERSES

FACULTÉS DE PARIS.

PARIS.

EBRARD ET Cⁱᵉ., ÉDITEURS,

Rue des Mathurins St-Jacques, 24.

1836.

STÉNOGRAPHIE

DES COURS.

SEMESTRE D'ÉTÉ.

ANNÉE SCHOLAIRE 1855—1856.

COURS

D'INSTITUTES.

M. BLONDEAU, PROFESSEUR.

PREMIÈRE LEÇON.

7 avril 1856

INSTITUTES, LIB. III, TIT. 13.

Des Obligations.

Nous avons vu, par les quatre espèces de contrats consensuels, quelle est la nature des titres consentis. Maintenant, nous allons nous occuper des contrats réels nommés, c'est-à-dire ayant obligation à raison d'une chose donnée.

Il y a quatre contrats réels qui ont un nom; ce sont :

Mutuum,

Commodatum,
Depositum,
Pignus.

Bien que le nombre des autres contrats soit très grand, cependant il n'ont point de nom. De là, la distinction en contrats *nommés* et contrats *innommés*. Cette distinction, qui n'était pas nécessaire aux premières époques du droit, où tous les contrats pouvaient se comprendre sous le terme de *permutatio*, l'est devenue par la suite. Ce mot *permutatio* prit un sens particulier et ne s'entendit que d'un échange fait d'une chose pour une chose. En effet, dans la vente, une partie donnait de l'argent; dans la permutation, il n'en était pas ainsi.

Il est à remarquer que dans les contrats réels et verbaux, il existe des contrats nommés et des contrats innommés. Lorsqu'on dit qu'un contrat est un contrat nommé, on entend par là qu'il a une signification particulière; sans cette condition, les autres contrats seraient aussi bien nommés, puisqu'ils s'appelleraient innommés.

Ainsi, il n'était pas inutile d'expliquer ce que c'est qu'un contrat nommé, qu'un mandat, par exemple, puisque, sans cette désignation, le contrat serait consensuel. Et il était nécessaire, par suite de cette multitude de formules usitées à Rome, de reconnaître la formule qu'il fallait, v. g., pour poursuivre un dépositaire.

Cette nécessité disparaît dans notre législation moderne. Voyons s'il y avait utilité de conserver cette distinction; passons en revue les articles du Code, au titre du *prêt-commodat*.

Le mot prêt a deux acceptions en français :

Prêt à usage ou commodat, qui a pour objet les choses dont on peut user sans les détruire.

Prêt de consommation, celui des choses qui se consomment par l'usage qu'on en fait.

Le premier n'est pas synonyme du *commodat* des Romains.

« Le prêt à usage ou commodat est un contrat par lequel une des parties livre une chose à l'autre pour s'en servir, à la charge par celle-ci de la rendre après s'en être servi. »

Il peut se présenter divers cas : par exemple, celui d'un cheval prêté, qui périt frappé de la foudre. Pour qui sera la perte? L'emprunteur est-il tenu du cheval qui périt pendant le temps qu'il l'emploie? Et s'il existait une convention par laquelle l'emprunteur devait passer par tel village, et que l'accident n'eût lieu qu'au moment où cette convention était exécutée? sur quoi peut se baser le jugement du tribunal en pareil cas? Il ne peut s'appuyer que sur des généralités. Donc toute disposition à cet égard est superflue.

« Ce prêt est essentiellement gratuit. »

Il n'est pas besoin d'être législateur pour dire cela, puisque le fait ne peut pas résulter d'une disposition de la loi. Et puis *essentiellement* gratuit! Il n'y a là rien qui soit de l'essence de la chose : on conçoit qu'il est *naturellement* gratuit.

« Le prêteur demeure propriétaire de la chose prêtée. »

Cet article est au moins inutile, puisque prêter veut dire donner l'usage. Quand la chose se consomme par l'usage, il n'y a pas prêt ; ainsi, l'argent ne peut être prêté, il ne sert que par l'aliénation.

« Tout ce qui est dans le commerce, et qui ne se consomme pas par l'usage, peut être l'objet de cette convention. »

Ce qui est dans le commerce, c'est ce qu'on peut vendre, prêter, louer ou engager.

« Les engagemens qui se forment par le commodat, passent aux héritiers de celui qui prête et aux héritiers de celui qui emprunte.

» Mais si l'on n'a prêté qu'en considération de l'emprunteur, et à lui personnellement, alors ses héritiers ne peuvent continuer de jouir de la chose prêtée.

» L'emprunteur est tenu de veiller, en bon père de famille, à la garde et à la conservation de la chose prêtée. Il ne peut s'en servir qu'à l'usage déterminé par sa nature ou par la convention ; le tout à peine de dommages et intérêts, s'il y a lieu. »

Ces mots *bon père de famille*, n'ont pas de signification en français ; il n'y a pas en France de père de famille, comme on l'entendait à Rome. Il eût mieux valu conserver les mots latins, *bonus paterfamilias*. — « Il ne peut s'en servir, etc. » Bien entendu qu'il ne fera pas d'un cheval un secrétaire, un copiste.

« Si l'emprunteur emploie la chose à un autre usage, ou pour un temps plus long qu'il ne le doit, il sera tenu de la perte arrivée même par cas fortuit. »

Il semblerait résulter de cette disposition que, dans le cas où l'emprunteur aurait employé la chose pendant le temps voulu, et à l'usage convenu ou déterminé par sa nature, il ne serait pas tenu de la perte de cette chose.

« Si la chose prêtée périt par cas fortuit dont l'emprunteur aurait pu la garantir en employant la sienne propre, ou si, ne pouvant conserver que l'une des deux, il a préféré la sienne, il est tenu de la perte de l'autre. »

Cet article est pire qu'un article inutile, il est mauvais. Il n'y a pas de raison pour qu'on impute cette perte à l'emprunteur. Dans le cas du cheval, par exemple, on ne peut admettre que la foudre l'a frappé parce qu'il est sorti de l'écurie ; l'emprunteur n'était pas maître que la foudre tombât sur la grande route, plutôt que sur l'écurie vide. Et si, au lieu du cheval emprunté, l'emprunteur eût pris son cheval qui est malade, celui-ci allant moins vite, n'aurait pas été frappé, n'étant pas rendu aussitôt que l'autre à l'endroit où est tombée la foudre.

« Si la chose a été estimée en la prêtant, la perte qui arrive même par cas fortuit, est pour l'emprunteur, s'il n'y a convention contraire. »

Vous m'empruntez mon cheval ; je veux éviter toute difficulté ; on l'estime : cette circonstance ne peut servir qu'à évaluer le prix de l'objet emprunté ; mais ce n'est pas par le fait de cette estimation que la chose est aux risques de l'emprunteur. Cette décision n'est pas dans les attributions du législateur.

« Si la chose se détériore par le seul effet de l'usage pour lequel elle a été empruntée, et sans aucune faute de la part de l'emprunteur, il n'est pas tenu de la détérioration. »

Il est bien évident que quand je prête des couverts d'argent, les couverts s'usent au bout de quelque temps. Je dois m'y attendre ; l'emprunteur n'est pas obligé. Donc, cet article aussi est inutile.

« Si, pour user de la chose, l'emprunteur a fait quelque dépense, il ne peut pas la répéter. »

Il va sans dire que si, pour me servir d'une voiture que j'ai empruntée, j'ai acheté un cheval, je n'ai pas le droit d'exiger le remboursement du prix du cheval ; inutile à dire encore.

« Si plusieurs ont conjointement emprunté la même chose, ils en sont solidairement responsables envers le prêteur. Dans le prêt à usage, la compensation n'est pas admise (1885). »

En thèse générale, si des personnes sont débitrices l'une de l'autre, quand il s'agit de choses fongibles, on peut anéantir l'obligation jusqu'à due concurrence. Le législateur veut que la compensation existe entre denrées pour denrées ; mais si j'achetais quatre sacs de farine, et que le prix de la farine pût faire compensation avec l'objet acheté, il n'y aurait plus lieu à contrat de vente.

Revenons au prêt.

« Le prêteur ne peut retirer la chose prêtée qu'après le terme convenu ; ou , à défaut de convention, qu'après qu'elle a servi à l'usage pour lequel elle a été empruntée. »

Ainsi , vous empruntez un cheval pour un voyage , si vous ne faites pas le voyage , vous gardez le cheval jusqu'à ce vous le fassiez, vingt ans même.

« Néanmoins , si , pendant ce délai , ou avant que le besoin de l'emprunteur ait cessé, il survient à l'emprunteur un besoin pressant, imprévu de sa chose, le juge peut, suivant les circonstances, obliger l'emprunteur à la lui rendre.

Mais on doit supposer qu'il prête parce qu'il peut se passer de la chose prêtée.

« Lorsque la chose prêtée a des défauts tels qu'elle puisse causer du préjudice à celui qui s'en sert , le prêteur est responsable , s'il connaissait les défauts, et n'en a pas averti l'emprunteur. »

C'est une application d'une règle générale, qui défend que l'on fasse sciemment du mal à autrui.

Une convention pouvait donc être utile, pour distinguer ces divers contrats.

§ 1er. *Mutuum.*

L'obligation se contracte *re data*, quand il y a dation en prêt. La dation *mutui* a pour objet les choses qu'on peut apprécier au poids, au nombre ou à le mesure, comme le vin, l'huile, le froment, l'airain, l'argent ; la monnaie déterminant le *quantum*. Le *mutuum* a pour objet de rendre propriétaire d'une chose de cette nature, sous la condition que celui à qui est conférée la propriété, rendra une chose pareille à l'objet dénommé. Il n'est pas indifférent que ce soient les mêmes choses ; il faut que ce soient d'autres objets de même nature et qualité, à moins qu'il ne s'agisse d'argent. Le mot *mutuum* vient de ce que la qualité est passée de moi à toi : pour cela, si la qualité ne devient pas *tua*, il ne naît pas d'obligation. Il faut donc, dans une dation de *mutui*, que celui qui donne soit maître, et qu'il ait la faculté d'aliéner. Si quelqu'un a fait dation de *mutuum* des deniers d'autrui, ou s'il les a livrés, ne pouvant aliéner (comme un pupille sans l'autorité de son tuteur), il n'y a pas obligation. Il est à remarquer qu'il existe une dissemblance entre la position de la personne à qui est faite une dation *mutui*, et celle d'une personne qui a reçu ce qui ne lui est pas dû. La cause de l'erreur où sont tombés, à ce sujet, Gaius et Ulpien, qui l'a copié, c'est que la *condictio* portait le même nom (V. Gaius, §§ 90 et 91).

§ 2. *Commodatum*

Celui à qui on donne une chose avec la faculté d'en user, est tenu par l'action *commodati*. Si, après avoir reçu un *mutuum*, on perdait la chose par cas fortuit, on n'en serait pas moins obligé. Si je vous ai prêté de l'argent, peu m'importe comment l'argent sort de vos mains ; l'argent est à vos risques. Pour quelle raison, en effet, quand je vous prête de l'argent, devrais-je le perdre s'il vous était volé?

Dans le cas de vente, je vous ai vendu, et la

chose est périe. Le vendeur reste propriétaire jusqu'à la livraison ; si la chose augmente de valeur, l'acheteur y gagne, parce qu'il a acquis le droit de se faire livrer : il profite de l'augmentation, il doit donc courir le risque de la perte.

Mais, dans le cas de commodat, dont il s'agit, il n'en est pas ainsi. La chose demeure aux risques de qui est propriétaire ; mais on considère la chance résultant des soins que doit donner l'emprunteur. On a distingué trois espèces de soins (*diligentia*).

La diligence pareille à celle que le détenteur de la chose d'autrui donne aux siennes propres.

La diligence ordinaire.

La diligence dont est capable un petit nombre d'individus seulement.

De là trois espèces de fautes :

Lata culpa,

Levis culpa,

Et culpa levissima : celle dans laquelle on n'est excusé que de la force majeure et des cas fortuits.

En effet, les soins que le commodataire met à ses propres choses, ne suffisent pas toujours, si l'objet avait pu être conservé par une personne plus soigneuse. Toutefois, les pertes par cas fortuits regardent le prêteur, et le commodataire en est libéré.

Il y a là une lacune dont nous parlerons plus tard. Quand il s'agit d'un contrat avec des gens qu'on ne connaît pas, on ne doit pas exiger de ces gens-là plus qu'on ne croit qu'ils sont capables de faire : dans ce cas, on s'attend aux qualités ordinaires de l'humanité. Cette observation est d'une haute importance ; nulle part les rédacteurs du digeste n'ont établi une règle sur les pertes.

Le dernier article établit qu'il y a commodat proprement dit, lorsque vous recevez un objet pour vous en servir, sans donner et sans promettre ucune rétribution ; autrement, s'il y avait rétribution, on nous aurait loué l'usage de la chose, et il y aurait lieu à l'action *locati, conducti*.

§ 3. *Depositum*.

Celui chez lequel on dépose un objet, est encore obligé par la chose, et soumis à l'action de dépôt.

Encore une question de perte.

Toutes les fois qu'il n'y a pas dol, le dépositaire ne doit pas s'imputer la perte ; il ne répond pas de sa faute, c'est-à-dire, de son incurie, de sa négligence. Lorsque la chose a été volée, le dépositaire est en sécurité ; c'est au déposant à choisir un meilleur dépositaire.

§ 4. *Pignus*.

Le créancier qui reçoit un gage est pareillement obligé par la chose, car il est tenu par l'action pignoritienne à restituer l'objet reçu.

Encore une question de perte.

Dans ce contrat, l'action pignoritienne est ou directe ou contraire. Le dépositaire n'est pas tenu du cas fortuit ni de la force majeure ; mais ici, comme le gage se donne dans l'intérêt commun du débiteur, dont il favorise le crédit, et du créancier, dont il garantit la créance, le créancier qui le détient est responsable du vol, dans le même sens que le commodataire, et doit plus de soin que le dépositaire. Au reste, il peut, lorsque, malgré ce soin, un événement imprévu lui a fait perdre le gage, réclamer sa créance.

DEUXIÈME LEÇON.

9 avril 1856.

INSTITUTES, LIB. III, TIT. 16.

Des Fidéjusseurs.

Nous avons vu la dernière fois les contrats réels nommés : nous avons dit que la seule raison qui rendît nécessaires les explications que le législateur a pu donner sur ces contrats, c'est qu'à Rome, au milieu des nombreuses formules qu'on employait, il était nécessaire d'expliquer ce qu'on entendait par un commodat.

Parmi les contrats verbaux, il y a des contrats nommés. On les appelait *stipulations*, comme nous l'avons dit. Mais le mot *stipulation* ne s'entend que de la forme et des contrats selon cette forme. Ce mot est un terme générique, et les contrats ont dû être désignés plus particulièrement selon leur nature.

Un contrat nommé est un contrat spécial qui ne peut pas s'entendre d'un contrat qui aurait pour objet d'autres choses que les contrats nommés. Nous ne dirons pas que les contrats verbaux sont des contrats nommés. Cependant il en est un qui a ce caractère : ce contrat est celui que l'on désigne sous le nom de la *fidéjussion*.

Dans la fidéjussion, le promettant a souvent

d'autres personnes qui répondent pour lui, et qu'on appelle fidéjusseur. On reçoit leur engagement pour augmenter ses sûretés. On peut prendre des fidéjusseurs dans toute espèce d'olbigations, c'est-à-dire, dans les obligations contractées, soit par la chose, soit par parole, soit par écrit, soit par le consentement. Il est également indifférent que les fidéjusseurs accèdent à une obligation civile ou naturelle; car ils peuvent s'obliger même pour un esclave, soit envers les étrangers, soit envers son propre maître, à raison de ce qui lui est dû naturellement.

Dans les contrats verbaux, ni l'une ni l'autre de ces conditions ne se rencontre. Il n'était pas nécessaire de dire qu'il y a stipulation dans les contrats, puisque dans tous les contrats c'est la règle générale, et que l'on a l'action *ex stipulatu*.

Nous avons donc lieu de penser que si l'on traite spécialement de la fidéjussion, c'est par quelque motif particulier.

Fidéjussion, cautionnement, cautionner, c'est garantir à un créancier la dette d'un autre. Quand deux personnes sont engagées dans la même dette, le cautionnement se rapproche de l'obligation solidaire. Le cautionnement peut avoir plusieurs formes : nous aurons occasion d'y revenir.

Le cautionnement peut être considéré comme un contrat de bienfaisance, puisque cette action suppose, de la part de celui qui le fait, de la bienveillance, de la confiance, et qu'il fait une donation éventuelle, pour ainsi dire. Il est vrai que tous ne le font pas avec la preuve d'une perte. Avec la pensée qu'on dût perdre, beaucoup s'abstiendraient. Il est naturel que celui qui a besoin d'une caution cherche à faire croire à sa solvabilité ; mais il arrive que souvent un cautionnement est un piége ; et c'est là, sans doute, la source des règles particulières dont il a été l'objet. Il n'est pas un contrat qui en ait fait naître davantage.

Les femmes ne peuvent pas cautionner, parce que, connaissant moins les affaires, elles seraient plus aisément victimes des piéges. Nous trouvons dans Gaïus un grand nombre des règles particulières qui étaient établies relativement à la fidéjussion. Voici ce qu'il en dit, liv. III de ses *Commentaires :*

Pro eo quoque qui promittit, solent alii obligari, etc. Lorsqu'un individu promet, on voit souvent s'obliger pour lui d'autres personnes, que l'on nomme tantôt répondans, tantôt fidépromisseurs, tantôt, enfin, fidéjusseurs. Il aurait pu ajouter qu'il y avait des espèces de cautions qu'on appelait *co-rei promitti* et des *mandati*. Les mandans sont responsables des obligations qu'ils ont fait contracter. Du reste, dans ce contrat, l'obligation ne résulte pas d'une fidéjussion : voilà pourquoi Gaïus ne les comprend pas ensemble.

Les cinq cas nommés se font par stipulation.

Le mandat se faisait quand on disait, soit *rogo*, soit *volo*, soit *mando*.

Les répondans s'obligeaient, quand on leur disait : Répondez-vous de donner la même chose ?

Les fidépromisseurs : Promettez-vous sur votre parole?

Les fidéjusseurs : Vous porterez-vous fidéjusseurs?

Les co-rei promitti : Donnerez-vous?

Il y a des nuances très délicates entre ces diverses espèces de cautions. Les compilateurs de Justinien les ont confondues toutes ensemble.

Les fidépromisseurs et les fidéjusseurs se ressemblent en cela que, lorsque nous voulons augmenter nos sûretés, nous recevons engagement d'eux, tandis que nous prenons un *adstipulateur* toutes les fois que nous stipulons qu'une chose sera faite la veille ou le lendemain de notre décès, car cette stipulation est de nul effet. Mais on fait intervenir un adstipulateur, afin que celui-ci puisse poursuivre, après notre mort, l'exécution de la stipulation; et, par l'action du mandat, il demeure obligé à la restitution envers la personne de l'héritier du stipulant.

La condition du répondant (*sponsor*) et du fidépromisseur (*fidepromissor*), est la même, selon Gaïus; mais celle du fidéjusseur (*fidejussor*) est tout-à-fait différente. En effet, les premiers ne peuvent intervenir que dans les obligations par paroles; mais, dans ce cas, ils le peuvent, même lorsque la personne qui a promis n'est pas tenue de l'obligation; lorsque, par exemple, étant pupille, elle a agi sans autorisation de tuteur, ou bien lorsqu'on a promis de donner une chose après sa mort.

Gaïus met en question si le répondant ou le

fidépromisseur est obligé lorsque celui qui a promis est esclave ou étranger. Observons d'abord que, dans la fidéjussion, un individu pouvait valablement s'obliger pour un esclave qui ne pouvait être obligé. Parmi les formules en usage, une était propre aux citoyens romains : *Dare spondes?* Un esclave et un étranger ne pouvaient l'employer. Le pupille peut employer la formule, quoique n'étant pas tenu de l'obligation. L'acte était nul quand c'était un esclave ou un étranger qui s'en servait.

Autre différence. L'obligation du sponseur ou fidépromisseur ne durait que pendant sa vie, et pour le fidéjusseur elle passait à ses héritiers. On pouvait prendre un fidéjusseur dans toute espèce d'obligations, c'est-à-dire, dans les obligations contractées, soit par la chose, soit par paroles, soit par écrit, soit par le consentement. On ne distinguait pas non plus si l'obligation à laquelle accédait le fidéjusseur était une obligation civile ou naturelle ; car un fidéjusseur peut s'obliger même pour un esclave, soit envers un étranger, soit envers le maître de l'esclave, à raison de ce qui lui est dû.

L'héritier du répondant ou du fidépromisseur n'était pas tenu de l'engagement de celui-ci, à moins qu'il ne s'agît d'un fidépromisseur étranger, et dont la cité était régie par d'autres lois.

D'après la loi *Furia*, l'obligation du sponseur ou du fidépromisseur ne durait que deux ans, tandis que le fidéjusseur était obligé indéfiniment.

Autre différence établie par la loi *Furia*. En

quelque nombre que fussent, au moment de l'exigibilité de la dette, les répondans et les fidépromisseurs, le montant de l'obligation se divisait entre tous, et chacun d'eux ne devait que sa part. Il en était autrement des fidéjusseurs, qui demeuraient toujours obligés, et qui étaient tenus chacun pour le tout, quel que fût leur nombre; c'est-à-dire, que le créancier était libre de s'adresser à qui bon lui semblait pour la totalité de la dette. Mais, d'après un rescrit de l'empereur Adrien, le créancier devait poursuivre, pour sa part, chacun de ceux qui sont solvables. Ce rescrit diffère de la loi *Furia*, en ce que, si l'un des répondans ou fidépromisseurs est insolvable, la perte est pour le créancier.

Mais la loi *Furia* n'avait d'application qu'en Italie; ailleurs cette différence n'existait pas.

La loi *Apuléia* a, en outre, introduit une espèce de société entre les répondans et les fidépromisseurs : deux personnes ayant servi de caution, celle qui avait payé la totalité avait une action contre l'autre pour l'excédant. Gaïus observe que la loi *Apuléia* a été portée avant la loi *Furia*; et, à cette époque, ils étaient obligés pour la totalité. De là on met en question si, depuis la loi *Furia*, le bienfait de la loi *Apuléia* subsiste encore.—Oui, pour les provinces où la loi *Furia* n'a pas d'effet. Gaïus aurait pu ajouter qu'elle forçait, malgré la loi *Furia*, l'un à payer la totalité dans le cas d'insolvabilité d'un des fidépromisseurs. Quant aux fidéjusseurs, la loi *Apuléia* ne les concernait pas.

Une disposition de la loi était que celui qui prenait des répondans ou fidépromisseurs, était forcé de déclarer à l'avance, et ouvertement, l'objet qui les lui faisait prendre, et le nombre des répondans ou fidépromisseurs qu'il prenait. Faute par lui d'avoir fait cette déclaration, les fidépromisseurs ou répondans pouvaient, avant le trentième jour, provoquer un jugement et faire déclarer que leur cautionnement était nul. Dans la fidéjussion, cette précaution n'était pas nécessaire, bien qu'on l'employât.

Une loi *Cornélia* décidait qu'il était défendu de s'obliger pour une même personne vis-à-vis d'une même personne dans la même année, pour prêt d'argent excédant vingt mille sesterces; et le répondant ou fidépromisseur qui s'était obligé pour une somme plus forte, par exemple, pour cent mille sesterces, n'était pas tenu de l'obligation. Cependant cette loi autorisait, dans certains cas, l'acceptation de caution d'une manière indéterminée, lorsqu'il s'agissait, par exemple, de dot, de ce qui vous était dû en vertu d'un testament, ou d'après l'ordre du juge.

Gaïus observe que la condition des répondans fidépromisseurs, fidéjusseurs, est la même, en ce que ni les uns ni les autres ne peuvent contracter une obligation plus étendue que celle du débiteur principal. Cette règle vient de ce qu'on ne pouvait pas s'engager pour une personne qui ne pouvait pas être obligée. Quand un pupille s'oblige sans l'ordre de son tuteur, il y a toujours obligation morale, sinon légale. Je puis cautionner une simple espérance, si je m'engage pour un autre qui vous promet à condition que vous réussirez, etc.; évidemment c'est dans l'espoir que vous réussirez qu'il vous promet, et je n'en suis pas moins obligé.

C'est à tort que l'on a dit que le cautionnement était une obligation accessoire. Gaïus, en prétendant que l'obligation, dans ce cas, était l'accessoire d'une obligation principale, semble ne pas tenir assez compte de cette disposition de la loi, qui voulait que tous ceux qui se sont engagés par la fidéjussion, fussent tenus chacun pour le tout, quel que fût leur nombre.

Il observe encore qu'ils ont aussi cela de commun que, si l'un d'eux a acquitté la dette du débiteur principal, il a contre lui, pour se faire rembourser, l'action *mandati*.

Une différence bien plus sensible encore, est celle qui résulte de cette disposition de la loi *Publilia*, qui donne spécialement au répondant (*sponsor*) une action *in duplum* de la somme dont il avait répondu, action que l'on appelait *actio depensi*.

Il y a beaucoup d'autres règles que Gaïus ne rapporte pas, et que nous ne connaissons pas, qui avaient été portées relativement à cette matière. Nous avons dit ce qui nous paraît les avoir nécessitées; mais ces règles, dont les principales sont :

Les femmes déclarées incapables ;

L'obligation des répondans et des fidépromisseurs, limitée à deux ans ;

L'obligation contractée par les fidépromisseurs et les répondans, divisée entre eux;

La loi *Cornélia*, établissant qu'on ne peut s'engager pour au-delà de vingt mille sesterces;

Et enfin la loi *Publilia*, qui accorde aux *sponsores* (répondans), une action *in duplum*;

Font voir avec quelle faveur ils étaient traités.

TROISIÈME LEÇON.

12 avril 1836.

Nous avons expliqué précédemment les différentes modifications dont les obligations peuvent être susceptibles. Dans les Institutes et dans les Commentaires de Gaïus, on ne remarque point que les anciens jurisconsultes se soient occupés des formes des obligations. Mais comme la source des obligations est le contrat, et que le contrat se faisait par stipulation, on s'est attaché seulement à déterminer les formes des stipulations. Dans le droit romain, la stipulation était le moule où se formait l'obligation. Au lieu d'expliquer la différence qui existait dans les obligations, on a examiné la différence des stipulations; ainsi, quand on avait stipulé de cette manière : Promettez-vous *si...?* l'obligation était conditionnelle. Il en est résulté que les jurisconsultes ont posé comme absolu ce qui n'était que relatif ; ils ont considéré, comme règle générale dans les obligations, ce qui n'était applicable qu'aux stipulations. Lorsque l'on rencontre dans le droit romain que telle obligation ne peut pas avoir lieu, il ne faut pas croire que c'est qu'elle est impossible, mais seulement qu'elle ne peut résulter des formules.

Voyons maintenant quelles étaient ces formules dans les obligations verbales (tit. xv, liv. 3 des *Institutes* de Justinien).

Un obligation se contracte par paroles, au moyen d'une interrogation et d'une réponse, lorsque nous stipulons qu'on nous donnera ou qu'on nous fera quelque chose. Pour former cette obligation, on employait les formules suivantes : Vous répondez ? Je réponds : Vous promettez ? Je promets, etc. On a vu que Gaïus en attribuait une spéciale aux citoyens romains. Les stipulations pouvaient être faites dans toutes les langues, pourvu que la langue qui était employée par un des contractans fût entendue des autres, ou même que la réponse concordât avec la question. On ne sait combien de temps dura l'usage de ces formules ; mais l'empereur Léon fut celui qui les supprima.

Toute stipulation est pure est simple, à terme ou sous condition. Elle est pure et simple, lorsqu'on dit : Vous promettez de me donner cinq ? À terme, quand la stipulation contient l'indication de l'époque à laquelle la somme doit être payée. La stipulation conditionnelle se fait, lorsqu'on diffère l'*existence* de l'obligation jusqu'à un événement déterminé, en disant, par exemple : Si Titius est créé consul, vous promettez de me donner cinq ?

Après avoir distingué ces formes d'obligations, le rédacteur des Institutes fait des réflexions sur chacune. Ainsi, il dit que ce qu'on stipule à terme est dû à l'instant même ; mais qu'on ne peut pas l'exiger avant le jour, ni même dans le

jour indiqué par la stipulation ; car la journée
doit rester toute entière à celui qui paie , rien ne
prouvant que l'obligation ne sera point acquit-
tée dans le jour convenu, tant que ce jour n'est
pas expiré.

Et il ajoute que , lorsqu'on stipule en ces ter-
mes : *Decem aureos annuos quoad vivam dare
spondes*, on ne doit pas avoir égard à ces mots
quoad vivam. A-t-il voulu entendre que le stipu-
lateur ne pouvait, à sa volonté, se créer une rente
viagère , en disant que l'on ne pouvait devoir
pour un temps ?— Il faut qu'il y ait là une in-
fluence du systeme des formules, qui n'admet-
taient que des expressions sacramentelles. Ceci a
pu être une source d'erreurs de la part des jurisconsultes qui ont pris ces mots, *quia ad tempus*,
etc., trop à la lettre; mais si, dans l'espèce ci-des-
sus, le droit civil donnait à l'héritier la faculté de
former une demande , le droit prétorien , inter-
prétant plus largement la loi , le repoussait par
l'exception du pacte (*pacti conventi*).

Le paragraphe quatre de notre titre nous dit
que la stipulation conditionnelle ne produit que
l'espoir d'une créance; cela a paru long-temps
une difficulté insoluble. Les jurisconsultes romains semblent nous dire que , dans la stipulation, lorsqu'il y a une condition , il n'y pas obligation , mais seulement une espérance d'obligation. Gaïus , récemment retrouvé, a éclairci la
question , en nous apprenant qu'il ne s'agissait,
dans ce cas-là, que des legs, et non des simples
stipulations : les jurisconsultes avaient décidé

qu'il n'y avait obligation dans un legs condition-
nel, que lorsque la condition était arrivée du vivant du légataire. Il ne fallait donc pas dire : *Ex
conditionali*, etc.

Les conditions qui se rapportent à une époque
présente ou passée, peuvent anéantir aussitôt l'o-
bligation, ou ne la diffèrent pas du tout, v. g. si l'on
disait : Vous promettez de me donner dix, si Titius a
été consul, ou si Mévius est vivant. Quelques jurisconsultes voulaient en tirer cette conséquence,
que l'obligation était nulle, si le fait n'existait pas.
D'autres ont prétendu que *non differtur obliga-
tio*. Que veut dire, l'obligation n'est pas différée ?
Veut-on dire que c'est l'exécution qui n'est pas
différée ? *Non differtur* ne peut pas s'entendre de
l'exécution : on a pensé à la transmission du légataire, sans nul doute, et non aux obligations
conditionnelles.

Nous trouvons dans la matière des legs cette
clause : *Si un tel tue, tu lui donneras mille*,
réputée valable, tandis qu'au titre des stipulations inutiles (paragraphe 2), lorsqu'on fait dé-
pendre l'obligation d'une condition impossible,
la stipulation est entièrement nulle ; par exemple, si l'on dit : je promets de donner si vous
touchez le ciel.

On a donné pour raison de cette différence,
que le légataire jouissait de la faveur du testateur, sans quoi ce dernier ne lui aurait pas lé-
gué. — On a dit aussi que le testateur n'étant pas
là pour voir si la clause du testament recevait